Merci à...

toutes les personnes qui ont testé le livre en le lisant à leurs enfants, et qui m'ont fait part de leurs précieux avis !
Mes relecteurs Eva Hyllstam, Fredrik Praesto, Elin Westerberg ainsi que Julia Angelin et les collègues de Salomonsson Agency,
et surtout merci à ma merveilleuse épouse Linda Ehrlin pour ses nombreux conseils avisés.

Carl-Johan Forssén Ehrlin

La Petite
Éléphante
qui veut
s'endormir

**Une nouvelle façon d'aider
vos enfants à trouver le sommeil**

Illustré par Sydney Hanson

Gautier · Languereau

Guide pour les lecteurs

Attention ! Ne jamais lire ce livre à haute voix près d'une personne en train de conduire un véhicule, car ce conte a pour but d'endormir celui qui l'écoute.

Ce livre a été créé dans le but très précis d'aider les enfants à trouver le sommeil, et utilise parfois pour cela un langage un peu particulier afin que l'enfant puisse se détendre et se préparer à s'endormir agréablement le soir. Certains enfants ont besoin d'entendre l'histoire plusieurs fois avant de pouvoir réellement se relaxer et se sentir à l'aise.

Pour plus de succès, lisez d'abord le livre vous-même afin de vous l'approprier et de vous sentir libre d'entrer dans l'histoire quand vous la lirez à l'enfant. Je recommande aussi de suivre tous les conseils prodigués à la fin du livre.

À certains moments, il est recommandé d'adapter le ton de la voix ou de bâiller. Choisissez ce qui est le plus adapté à votre enfant.

Les textes en caractères gras vous invitent à insister sur certains mots.
Les textes en italique seront lus avec une voix plus calme.
Lorsque vous verrez *[nom]*, il vous suffira de prononcer le nom de l'enfant.
Lorsque vous verrez *[bâillement]*, faites-le à volonté.

Bonne chance et dormez bien !

Carl-John

*I*l était une fois une petite éléphante qui s'appelait Hélène.
Elle était la plus gentille et la plus courageuse des éléphanteaux au monde,
et elle voulait être ton amie et t'apprendre plein de nouvelles choses.
Hélène la petite éléphante était fatiguée là, tout de suite,
et elle voulait que tu l'accompagnes jusqu'à son lit qui se trouve
de l'autre côté de la forêt enchantée pour une bonne nuit de sommeil.

Hélène la petite éléphante avait exactement ton âge, *[nom]*.
Elle aimait faire les mêmes choses que toi, jouer et s'amuser seule,
mais aussi avec ses amis. Parfois quand elle jouait, le temps passait si vite
qu'il était tout d'un coup l'heure d'aller se coucher. Sur certains points,
vous vous ressemblez beaucoup et vous pensez de la même façon, *[nom]*.
Ce sera donc facile de suivre Hélène lorsqu'elle s'endormira
aussi en écoutant l'histoire.

« **Je commence à être fatiguée et je voudrais aller me coucher,**
dit Hélène la petite éléphante à Maman Éléphant. *[bâillement]*

– Bien sûr, tu peux **aller te coucher là, tout de suite** », répond Maman
Éléphant. Elle ajoute : « Emmène ton ami qui écoute l'histoire avec toi
à travers la forêt enchantée jusqu'à ton lit et dormez bien tous les deux.
La forêt enchantée **est un lieu merveilleux pour dormir**, beau et sûr
pour les enfants fatigués. Je me demande si tu choisiras de t'endormir **là,
tout de suite en écoutant l'histoire ou dans un court instant.** »

$\mathcal{M}$aman Éléphant rappelle à Hélène :
« Il y a beaucoup de choses qui t'aident à t'endormir autour de toi à présent,
tu peux toi-même choisir *[nom]* lesquelles **t'aideront le mieux à t'endormir.** »

Hélène la petite éléphante demande à Maman Éléphant :
« Comment fais-tu pour **t'endormir** ?

– Je fais en sorte que tout m'aide à m'endormir : les sons, les voix autour
de moi et ce à quoi je pense. Comment l'oreiller sous ma tête m'aide
à m'endormir lorsque je me dis : "**Détends-toi.**" Et puis la couette
sur mon corps est tellement agréable. À ce moment-là tu es très fatiguée
et tu l'es toujours **là, tout de suite** ! » *[bâillement]*

Tu pars à l'aventure avec Hélène la petite éléphante, ce qui vous fatiguera
beaucoup là, tout de suite. Depuis la colline, la maman d'Hélène fait
des signes pour vous aider à vous endormir et dit :
« Bonne nuit ma chérie, on se voit demain quand tu auras bien dormi
toute la nuit. »

Hélène la petite éléphante te dit :
« Même si je veux que tu m'accompagnes pour que je puisse te montrer
là où j'ai **l'habitude de bien dormir**, ce n'est pas grave s'il arrivait
que tu **t'endormes avant que l'histoire soit terminée.**
Je me sens rapidement fatiguée lorsque **je suis en train de m'endormir**
en écoutant quelqu'un me lire une histoire. »

Hélène poursuit : « Viens, allons dans la forêt enchantée et endormante ensemble. Pour que **tu puisses te sentir calme et rassuré là, tout de suite**, tu peux, si tu veux, monter sur mon dos. Tu pourras alors **te détendre, te laisser agréablement bercer et permettre au sommeil de venir naturellement à toi,** *[nom]*. J'aime m'endormir au lit ou dans la forêt enchantée, **là tout de suite.** *Les deux endroits me vont et me font sentir que je suis fatiguée à chaque fois que j'y pense.* »
Hélène la petite éléphante bâille. *[bâillement]*

*L*orsque vous entrez dans la forêt, Hélène la petite éléphante raconte
d'une voix rassurante et calme :
« La forêt est peuplée de gentils animaux qui sont mes amis.
Par exemple, là-bas habite La Taupe Endormie avec ses parents. »

La Taupe Endormie sort du terrier, **ses yeux** sont **fermés** et elle dit :
« Chut ! Il est l'heure de dormir et d'écouter l'histoire là, tout de suite.
Je vais justement bien m'endormir. Mes parents disent que si les enfants
se concentrent pour écouter l'histoire là, tout de suite ils laissent tout disparaître
autour d'eux. Très souvent tous les enfants veulent aussi s'allonger et se détendre
pour s'endormir. Si tu ressens l'envie de t'endormir, alors endors-toi là, tout de suite. »

La Taupe Endormie raconte aussi :
« Parfois, je fais semblant de ne pas écouter en faisant autre chose,
c'est dans ces moments-là que je me sens encore plus détendue et fatiguée. »
Elle se couche confortablement et **s'endort là, tout de suite.**

« Maintenant La Taupe Endormie et sa famille dorment.
Nous sommes les derniers à nous **endormir bientôt** *[nom]*, grâce
à la forêt enchantée », dit Hélène la petite éléphante en bâillant. *[bâillement]*

$\mathcal{D}$ans la forêt enchantée, le vent souffle doucement dans les arbres et murmure : « *Dors bien* », ce qui, d'une certaine façon, te détend de plus en plus.

Vous arrivez à un vieil escalier. Hélène la petite éléphante raconte qu'il se nomme « **l'Escalier du Sommeil** », car la plupart des enfants qui descendent l'escalier **là, tout de suite, se sentent tellement fatigués** qu'ils n'ont plus qu'une envie, *c'est de se coucher confortablement et de descendre, descendre et descendre de plus en plus bas.*

« *L'escalier a cinq marches et chaque marche que nous descendons, [nom], te rend calme et encore de plus en plus calme* », raconte Hélène.

Voici la première marche.
Cinq : *« Oh, que c'est agréable », te dis-tu à toi-même et tu mets de côté toutes tes pensées et tu écoutes l'histoire. Ahhh...*

Quatre : *Une agréable sensation de détente t'envahit encore plus et te permet de te reposer en relaxant ton corps et tes pensées.*

Trois : *Tu es encore plus détendu, [nom].*

Deux : *Endormi et relaxé. Tes paupières sont si lourdes là, tout de suite.*

Un : *Beaucoup plus fatigué qu'avant, c'est très agréable pour Hélène la petite éléphante et pour toi. [bâillement]*

Zéro : *Si fatigué là, tout de suite... tu ne peux que te laisser glisser dans le sommeil, [nom].*

Quand vous arrivez en bas de l'Escalier du Sommeil, Hélène la petite éléphante dit d'une voix fatiguée : *« Suis-moi jusqu'au ruisseau paisible. Je veux te montrer quelque chose qui va t'endormir. »* Tu choisis de suivre Hélène et de continuer d'écouter l'histoire qui te rend fatigué, même si tu **veux juste t'endormir à n'importe quel moment, là tout de suite.**

Sur le chemin, vous voyez une feuille qui est **aussi belle que toi,** *[nom]* et qui *vient de lâcher prise* et se détache de la branche d'un vieil arbre endormi.

La feuille commence à se balancer librement dans l'air et suit le vent et l'histoire qui t'accompagne doucement, de plus en plus bas. La feuille tombe si doucement et agréablement. Doucement, tout doucement. Comme tes paupières qui se ferment là, tout de suite.

La feuille continue de tomber de plus en plus bas jusqu'à ce qu'elle s'approche du ruisseau paisible, là où tous les poissons sont couchés et dorment là, tout de suite, [nom]. « Tout ce qui se pose sur le ruisseau ou sur la mousse à côté dort là, presque tout de suite », t'explique Hélène la petite éléphante d'une voix fatiguée.

C'est vraiment vrai. Quand la feuille se pose agréablement sur la mousse moelleuse à côté du ruisseau, elle se laisse envelopper par la fatigue et se détend, là tout de suite. Elle bâille jusqu'à s'endormir, et est portée tout droit jusqu'au pays des rêves là, tout de suite.

« Je me sens comme la feuille », dit Hélène la petite éléphante et elle se sent très fatiguée et peut juste se laisser aller et s'endormir là, tout de suite. [bâillement]

*E*n arrivant au ruisseau endormi, on entend le paisible murmure de l'eau du petit torrent qui t'aide à te sentir calme à l'intérieur de toi.

Le gentil Basile Ronfleur, un lutin de la forêt, est couché sur une pierre à côté du ruisseau et dort bien. Parfois, il parle dans son sommeil et justement à cet instant, il murmure d'une petite voix endormie :
« Quand tu trempes tes pieds dans le ruisseau, tu deviens très détendu. »

Hélène la petite éléphante et toi, vous vous regardez et vous décidez de tremper vos pieds qui sont **sur le point de s'endormir**
dans le paisible ruisseau chaud qui calme. Vous le faites là, tout de suite.

Dès que tu plonges tes pieds dans l'eau agréablement chaude, tu sens que quelque chose commence à changer dans tes orteils.
Ils débordent de fatigue et s'endorment pour de bon.

Basile Ronfleur dit d'une petite voix :
« Observe comment la fatigue continue à envahir tout ton corps, [nom].
Comment la sensation de détente se déplace jusque dans tes jambes.

Ensuite, jusqu'à ton ventre et tout ton dos qui se détendent de plus en plus.
Ta respiration se calme et devient plus lente, là tout de suite.

Cette sensation agréable de détente s'étend dans tes bras et tes doigts,
tu as juste envie de les laisser se reposer tranquillement dans ton lit.

Cette sensation de détente devient de plus en plus profonde dans ta tête.
Toutes tes pensées veulent seulement s'endormir, là tout de suite, [nom].

Une sensation de calme et de détente envahissent tout ton corps et t'aident,
là tout de suite, à bien dormir toute la nuit, et tu es de plus en plus sur le point
de t'endormir grâce à l'histoire. » [bâillement]

Vous êtes complètement détendus et vous avancez lentement et prudemment
sur le sentier qui endort plus encore, le sentier qui vous mène au lit confortable
d'Hélène la petite éléphante. Si tu n'es pas assez fatigué, là tout de suite,
tu peux juste te laisser emporter par le sommeil avec les yeux fermés.

Là, tout de suite, alors qu'Hélène et toi, vous vous êtes de plus en plus
rapprochés de l'heure de vous endormir, vous arrivez à un carrefour.
Au carrefour, il y a deux sentiers, un qui va à gauche et un qui va à droite.
Dans la douce lueur de la lune, vous voyez le gentil perroquet Daniel Assoupi,
perché sur une branche.

Il vous raconte :
« Si vous allez à gauche, vous allez vous **endormir rapidement et bien.**
Si vous allez à droite, vous allez vous **endormir deux fois plus vite et bien
dormir toute la nuit.** Vous endormir deux fois plus vite et bien dormir
toute la nuit. » Tu te dis là, tout de suite : « C'est tout à fait vrai. »

Hélène la petite éléphante te dit :
« Je trouve que nous devrions aller à droite et **nous endormir deux fois plus
vite et plus profondément, là tout de suite. Que c'est agréable...**
En plus le sentier nous aide à nous endormir de plus en plus vite chaque soir
[nom], et bien dormir même sans le conte. Ça marche toujours pour moi. »

Tu te dis à toi-même :
« Ça me paraît vraiment agréable », et vous vous enfoncez *deux fois plus
profondément dans le sommeil* le long du sentier pendant que tu te répètes :

« Je m'endors facilement et je dors de mieux en mieux chaque nuit, aussi bien avec que sans le conte. » *[bâillement]*
Demain tu te réveilleras reposé et plein d'énergie, mais là tout de suite, tu peux juste te détendre et t'endormir.

Vous choisissez de poursuivre votre chemin sur le sentier qui vous mène au **sommeil, vous êtes beaucoup plus fatigués, là tout de suite.** Après un instant alors que vous vous sentez encore plus détendus, vous rencontrez Roger le Lapin.

« Bonjour, dit Roger le Lapin qui paraît très fatigué.

– Est-ce que tu es fatigué aussi, et est-ce que tu veux aussi dormir là, tout de suite ? » demande Hélène la petite éléphante.

Roger le Lapin dit qu'il revient tout juste de chez l'Oncle Bâillât qui l'aide d'habitude à s'endormir et qu'il est **très fatigué là, tout de suite.** « L'Oncle Bâillât m'a donné un peu plus que nécessaire de la puissante poudre magique du sommeil, et je peux vous en donner, ce qui vous aidera à bien dormir.

Lorsque tu en jettes sur ton corps, tu auras une sensation incroyablement agréable de détente qui te fera ressentir une grande fatigue à travers tout ton corps. » dit Roger le Lapin.

Hélène la petite éléphante prend le sachet avec la poudre magique de sommeil qui endort tous les enfants, les lapins et les éléphants. Avec sa trompe, elle prend de la poudre magique et la souffle sur tout ton corps *[nom]. La poudre se pose doucement sur toi, et tu ressens là tout de suite, une forte envie de t'endormir. Une envie qui justement devient deux fois plus forte à chaque respiration et lorsque tu penses à quel point elle t'endort vraiment. C'est le moment pour toi de **t'endormir là, tout de suite.***

$\mathcal{A}$*vec des pas somnolents, vous continuez lentement votre chemin sur le sentier.*
Vous croisez alors la Souris Étourdie qui marche avec un oreiller dans la main.
« Essaie de comprendre ce qu'elle dit et suis-la si tu peux, personnellement
elle me fait perdre la tête et me rend **tout ensommeillée quand elle parle** »,
te dit Hélène la petite éléphante et *ferme tes yeux là tout de suite.*

La Souris Étourdie commence à raconter :
« Je cherche le sommeil, en pensant qu'il pourrait être possible de laisser
une **sensation paisible comme celle-ci grandir** et me donner la certitude
que je peux m'endormir, et en même temps…

… plus je pense à tout plein d'autres choses, plus cela me rend,
là tout de suite, encore plus fatiguée, si confuse, comme si le sommeil
était une sensation, je peux alors laisser cette sensation de confusion
tourbillonner dans tout mon corps, se renforcer et me rappeler que…

… **il est temps de dormir là, tout de suite**, ce qui veut dire que ce que
je pense ne pas faire, n'est vraiment pas fait, donc je suis concentrée
là tout de suite sur ma relaxation, confuse et si bien quand je pense
à la façon dont le conte…

… là tout de suite, me mène à penser à ce que raconte l'histoire en ignorant
tout le reste et plus je pense à autre chose **qu'à dormir là, tout de suite,
plus je me sens fatiguée**, si je pouvais ressentir cette sensation deux fois
plus, cette détente totale et **ces paupières lourdes et…**
… *fermer juste les yeux,* alors cela **arrivera là tout de suite**, plus tard

et là tout de suite aussi, comme si le **sommeil arrivait**, *sans aucun effort et tout simplement le sommeil vient vers toi*, donc quand j'essaie de ne pas...

... **m'endormir**, c'est justement ce que je **vais faire là tout de suite**, bien dormir toute la nuit, en étant en plus complètement en confiance, car je sais me rassurer moi-même et savourer cela pour toujours. Ahhh... »

« **Oh ! Que je suis fatiguée** », dit la Souris Étourdie et elle **s'endort d'un coup sur son oreiller** et dort bien toute la nuit. *[bâillement]*

$\mathcal{L}$a forêt s'entrouvre, et vous découvrez la plage sur laquelle vous allez bien dormir toute la nuit. Vous continuez à marcher ensemble lentement et vous ressentez une agréable sensation de détente.
Il est évident que vous êtes tous les deux, **là tout de suite, très fatigués** et vous avez hâte de vous endormir.

Papa Éléphant vous attend, endormi, au bout du sentier pour vous accompagner jusqu'au sommeil qui est si proche là, tout de suite, ce qui vous rend encore **plus calmes et plus rassurés,**
et vous vous détendez juste, ahhh...

Pendant que les paupières d'Hélène la petite éléphante se ferment, Papa Éléphant raconte lentement comment une fois il s'était endormi d'un coup en ayant des pensées qui l'avaient aidé à s'endormir. «C'est comme si tu t'endormais de plus en plus rapidement chaque soir en ayant des pensées endormantes, en te concentrant sur le sommeil et sur un bon endormissement.» [bâillement]

Papa Éléphant continue et il dit:
«Quand le corps choisit de se détendre là, tout de suite, tu peux facilement bien t'endormir. Tu ne te rends peut-être pas compte toi-même là, tout de suite que tu es très fatigué et tu ne veux que t'endormir. Ton corps te dit qu'il est temps de juste fermer tes paupières qui sont deux fois plus lourdes. Je vois que tu es très fatigué et que tu vas bien dormir toute la nuit lorsque tes paupières vont se refermer là, tout de suite.»

En étant beaucoup plus détendu vous continuez à marcher lentement, si lentement en descendant.

« Bientôt nous arrivons à l'endroit où je m'endors bien. J'espère que tu veux t'endormir avec moi. » Hélène m'encourage en le disant de sa voix la plus endormie.

« Enfin, nous sommes arrivés, dit Hélène la petite éléphante. **Je suis si fatiguée** et j'ai envie de me coucher dans mon lit et de **dormir profondément et bien toute la nuit.**

– Pour qu'Hélène puisse bien dormir, elle a besoin de ton aide, dit Papa Éléphant. Vous dormirez mieux quand, toi aussi, tu t'endormiras. »

Il explique :
« Si tu n'es pas déjà couché, couche-toi. Tu dois t'endormir le plus longtemps possible, en tous les cas au moins en faisant semblant afin qu'Hélène la petite éléphante croie vraiment que tu dors et qu'elle puisse à son tour bien dormir. Fais d'abord semblant de dormir pour aider ton amie Hélène **à s'endormir là, tout de suite.** »

Papa Éléphant borde Hélène lentement et calmement.
« Voilà... ferme tes yeux à nouveau et détends-toi. Fais de ton mieux pour te souvenir comment tu fais quand tu t'endors, et fais la même chose là, tout de suite. Si tu le fais assez longtemps, eh bien, Hélène la petite éléphante et toi, vous allez vous endormir pour de vrai aussi. »

Hélène la petite éléphante te remercie pour aujourd'hui, et tu fermes les yeux pour t'endormir, content de savoir que toi aussi tu vas t'endormir là tout de suite. Elle te murmure : « Bonne nuit », avant que vous ne partiez ensemble pour le pays des rêves.

Hélène la petite éléphante dort là, tout de suite, tu peux toi aussi bien dormir, toute la nuit. [bâillement] Dors bien, mon chéri.

Conseils de l'auteur

J'espère que ces astuces et conseils pourront vous aider à tirer le meilleur parti
de mes livres, dont le but est d'aider à s'endormir. Je voudrais toutefois dès maintenant
souligner que personne ne connaît votre enfant aussi bien que vous.
Ce ne sont donc là que des conseils de portée générale que vous pouvez garder à l'esprit
lors de la lecture du livre à votre enfant.

Des parents me demandent souvent la manière d'exploiter au mieux mon livre.
Ma réponse est toujours la même : « **observer** et **adapter** l'histoire. »

Voici quelques questions et réponses qui illustrent comment suivre ce conseil – en tenant
compte du fait que votre enfant est unique –, ainsi que des suggestions d'ordre général
concernant mes livres :

Mon enfant n'aime pas que je prononce son nom lorsque je lis l'histoire, cela l'excite.

Dans ce cas, ne le prononcez pas, même si la plupart des enfants aiment que leur nom
soit prononcé dans le conte, car cela les associe encore plus à l'histoire.

*Parfois, nous lisons en même temps pour plusieurs de nos enfants, devons-nous alors prononcer
tous les noms quand [nom] est écrit ?*

Essayez de le faire. Que se passe-t-il ? Si cela leur plaît, continuez, sinon laissez cela
de côté *[nom]*. Il est également possible de continuer à lire « tu » à la place de « vous »
dans l'histoire, puisque chaque enfant la reprend à son compte et sent qu'elle s'adresse
spécifiquement à lui.

Mon enfant trouve bizarre le fait que j'insiste sur certains mots ou que je lise plus calmement.

Une solution est de moins insister sur les mots et lire un peu plus vite lorsque l'enfant
trouve que la lecture est trop lente. Vous pouvez aussi lire l'histoire comme d'habitude
au début sans insister, à un rythme normal et vous apercevoir que votre enfant se détend
malgré tout et devient fatigué. Faites des essais, et n'oubliez d'avoir du plaisir en le faisant.

*J'ai découvert que mon enfant s'endort plus rapidement lors de la lecture d'une partie précise
du livre, alors je lis et relis la même partie plusieurs fois jusqu'à ce que mon enfant s'endorme.
Est-ce une bonne idée ?*

Absolument, une excellente idée ! Il est aussi permis de laisser de côté certaines parties
ou pages du livre si vous remarquez que cela excite votre enfant d'une quelconque façon.

Est-ce que je dois lire tout le conte même si mon enfant s'endort déjà à la lecture de la page ?

Bien sûr que non, si vous êtes sûr que votre enfant dort vraiment profondément, même quand vous quittez sa chambre. De nombreux parents ont remarqué que leur enfant dort plus profondément toute la nuit à la lecture du conte. Pour cela, il peut être recommandé de continuer la lecture quelque temps après l'endormissement, vous l'aidez ainsi à se détendre davantage et à tomber profondément dans un merveilleux sommeil.

Le livre est ennuyeux et ne stimule pas l'imagination de l'enfant.

Je pense que si l'histoire est trop palpitante, le livre va à l'encontre du but recherché, à savoir renforcer la volonté de s'endormir. L'enfant voudra alors écouter tout le conte et s'exciter, au lieu de se détendre et se calmer. Malgré cela, j'ai essayé de trouver un équilibre et de stimuler l'imagination de l'enfant en lui demandant de s'imaginer certaines choses et en incluant différents personnages dans les livres.

J'ai suivi tous les conseils que vous m'avez donnés, mais mon enfant ne veut, malgré tout, pas écouter l'histoire.

Il peut être intéressant dans ce cas de lire l'autre livre que j'ai écrit. D'autres personnages et de nouvelles ambiances capteront peut-être davantage l'attention de votre enfant et l'amèneront à écouter le conte et se laisser ainsi bercer jusqu'au sommeil.

Pour quelles tranches d'âge recommandez-vous vos livres de contes qui aident à s'endormir ?

J'ai reçu des lettres qui me parlent de bébé de huit mois jusqu'à des adultes ayant eu des problèmes de sommeil durant toute leur vie, et qui enfin arrivent à s'endormir grâce à mes contes. Ces livres ne sont donc pas destinés à une tranche d'âge particulière. Je recommande plutôt d'essayer et peut-être d'adapter le contenu du conte en fonction de l'âge de l'enfant.

Facteurs de succès

Voici quelques conseils complémentaires apportés par des parents qui ont expérimenté *Le Lapin qui veut s'endormir* :

Persévérance
Instaurer un rituel
Préparer le coucher
Mettre l'accent sur la relaxation

PERSÉVÉRANCE
Si l'enfant ne s'endort pas après la première lecture du conte, essayez une deuxième fois. Donnez vraiment sa chance au livre à plusieurs reprises. Je me souviens en particulier d'un parent qui m'a écrit et m'a dit que le coucher pouvait prendre jusqu'à cinq heures chaque soir. Ils ont alors commencé à lire *Le Lapin qui veut s'endormir*. Le premier soir, ils ont lu le conte entièrement deux fois et demie avant que l'enfant ne s'endorme. Le soir suivant, une seule fois a suffi. De soir en soir, le coucher se raccourcissait, et lorsque ce parent m'a écrit au bout d'une semaine, le coucher ne durait plus que huit minutes. Le coucher était donc passé de cinq heures à seulement huit minutes, grâce à leur persévérance et à leur volonté de continuer à lire le livre et de continuer à y croire.

INSTAURER UN RITUEL
Lisez le livre plusieurs soirs d'affilée afin d'instaurer un rituel qui permette à l'enfant de se sentir assez en confiance pour pouvoir se relaxer en écoutant le conte et ensuite s'endormir. Des parents m'ont raconté comment le livre *Le Lapin qui veut s'endormir* est devenu une partie intégrante du coucher, et comment aussi bien l'enfant que le parent ont appris le livre par cœur et à quel point l'enfant dort bien dorénavant. Ma femme et moi avons une expérience similaire avec notre fils. Nous avons commencé par lui faire écouter la version audio, pendant la grossesse, lorsque nous allions nous coucher, ce qui l'a amené à associer le livre au sommeil. Lorsqu'il est né, nous lui avons fait écouter cette version chaque soir au moment du coucher. Maintenant, alors qu'il a plus de trois ans, il s'endort facilement le soir, en l'écoutant ou pas. Lorsqu'il est malade, ou si nous partons en voyage, nous la lui faisons écouter pour le mettre en confiance et pour qu'il se sente détendu lors du coucher.

PRÉPARER L'ENFANT AVANT LE COUCHER
Afin de mettre toutes les chances de votre côté, votre enfant doit avoir évacué son excès d'énergie avant que vous ne commenciez la lecture du livre. Certains parents m'ont même

rapporté que leur enfant, qui était très actif, a réussi à bien s'endormir dès le début du conte, même s'il n'était pas calme au début de la lecture – tous les enfants sont différents. Vous pouvez également préparer votre enfant avant de lire le conte en lui parlant d'une certaine façon. Voici quelques exemples de phrases que vous pouvez utiliser :

« Tu commences à avoir l'air fatigué, même si tu ne t'en rends pas compte encore. »

« Il me semble que tes paupières s'alourdissent de plus en plus, il est temps d'aller dormir à présent. »

« La fatigue s'approche de plus en plus, n'est-ce pas… » *[bâillement]*

« Ce soir, nous allons lire un conte magique qui te donnera envie de t'endormir, peut-être même avant d'avoir terminé de le lire. »

« Tu sais, ce conte que nous lisons le soir qui t'aide à bien dormir ? Il semble que tu t'endors de plus en plus vite à chaque fois que nous le lisons, c'est merveilleux pour toi. »

« Ce soir, je vais te lire un conte magique qui aide les éléphants, les lapins et les merveilleux enfants comme toi à bien s'endormir. »

« Ce conte magique peut uniquement être lu lorsqu'il est l'heure de dormir, puisque tu vas bien t'endormir à chaque fois qu'on le lira. »

METTRE L'ACCENT SUR LA RELAXATION

Les enfants sont bien sûr différents, et certains aiment regarder les images pendant que vous lisez l'histoire. Si l'enfant est couché dans le lit et écoute l'histoire au lieu de regarder les images, cela lui permettra de mieux se concentrer sur ce que vous dites et, par conséquent, il pourra plus facilement se détendre. Cela est encore plus important si vous lisez sur une liseuse : il est alors recommandé d'éviter d'exposer l'enfant à la lumière de l'écran car, d'après des études médicales, cela est excitant.

Bonne chance en lisant mes livres qui aideront vos enfants à dormir !

Carl-John

© Elin Carlhot

Sur l'auteur et le livre

Carl-Johan Forssén Ehrlin a eu un incroyable succès, en 2015, avec son livre *Le Lapin qui veut s'endormir*.

Il a été le premier livre autoédité devenu n° 1 des ventes sur la liste des best-sellers d'Amazon. La magie du livre a opéré partout dans le monde grâce à des parents satisfaits qui ont communiqué leurs avis sur les réseaux sociaux. Ce premier livre, traduit en 40 langues, a été vendu à plusieurs millions d'exemplaires en seulement quelques mois, dans le monde entier !

La Petite Éléphante qui veut s'endormir est le deuxième livre d'une série de trois dont le but est d'aider les enfants à se détendre et à bien s'endormir le soir.

Carl-Johan Forssén Ehrlin est comportementaliste. Licencié en psychologie, il est maître praticien certifié en programmation neurolinguistique. Actuellement il se consacre à l'écriture et à l'édition de ses livres sur le leadership, le développement personnel et l'aide aux enfants. Carl-Johan Forssén Ehrlin a, pendant de nombreuses années, travaillé comme coach, conférencier et formateur dans le domaine du leadership, la communication et le développement personnel. Il est reconnu comme étant un des meilleurs de Suède. Il est également enseignant associé à l'université de Jönköping, et reçoit de nombreuses offres provenant d'universités du monde entier.

Vous pouvez vous renseigner sur Carl-Johan Forssén Ehrlin sur www.carl-johan.com. Rejoignez l'auteur sur les pages Facebook *Carl-Johan Forssén Ehrlin* et *Le Lapin qui veut s'endormir*.

Traduction française : Cedigheh Emami
Lecture-correction : Agnès Scicluna

© 2016, Gautier-Languereau / Hachette Livre pour l'édition française.
58, rue Jean Bleuzen - CS 70007 - 92178 Vanves Cedex.
Dépôt légal : octobre 2016 - Édition 01. ISBN : 978-2-01-323770-3
Imprimé en France par Pollina. L78227A.
Achevé d'imprimer en octobre 2016.
Loi n° 49-956 du 16 juillet 1949 sur les publications destinées à la jeunesse.